AF242519

LETTRE

A UN DÉPUTÉ.

LETTRE

A UN DÉPUTÉ.

LYON.

IMPRIMERIE TYPOGRAPHIQUE ET LITHOGRAPHIQUE

DE LOUIS PERRIN,

Rue d'Amboise, 6, quartier des Célestins.

—

1842.

LETTRE

A UN DÉPUTÉ.

Qui sunt hi qui rempublicam occupare
cupiunt? Homines sceleratissimi,
immani avaritia, cruentis manibus,
quibus virtus, honos, pietas, modo
honesta atque inhonesta....

TACITE.

La France admire en vous le grand poëte, le
grand orateur; mais ce n'est point assez : dans
ses égarements vous devez lui faire entendre la

voix de la sagesse, l'arracher aux périls qui l'environnent.

Des sages inspirés du Ciel, et non des sophistes et des idéologues, furent les premiers législateurs : Moïse rompt les fers des Hébreux ; Orphée civilise les peuples les plus féroces ; Virgile conseille Auguste, désarme sa colère, et fait le bonheur des Romains. L'homme machine cherche la liberté dans les plus basses régions ; celui qui parle la langue des dieux la fait descendre des hauteurs célestes.

A vous, divin interprète, à vous de verser le dictame sur les blessures de la patrie ; à vous de guérir deux grandes maladies morales ! l'une inconnue même aux temps affreux de 93 ; car l'égoïsme n'avait point alors, comme aujourd'hui, desséché tous les cœurs : l'autre, non moins funeste, la *perfectibilité*, vieux système prôné sur des ruines et des tombeaux par une femme *bel esprit* ; système qui détruit ce que l'homme a de plus sacré, qui confond le progrès des sciences exactes avec celui des mœurs et des gouvernements ; comme si nos découvertes n'étaient pas l'œuvre des temps et du hasard, et non celle de la raison perfectionnée : témoin la poudre infernale, la presse, la boussole, dont les inventeurs sont inconnus ; témoin ces deux enfants zélandais qui, tout en jouant, découvrent le télescope.

Les connaissances matérielles ont grandi peut-être, mais la sagesse moderne est bien inférieure à la sagesse des anciens jours : les grandes pensées sont filles de l'inspiration dans une seule tête forte et puissante comme celle de César ou de Charlemagne. « Si César vivait encore, a dit le célèbre Vauban, au bout de quinze jours il nous devancerait ; son intelligence était beaucoup plus vive, beaucoup plus élevée que la nôtre. »

Et nous ajouterons : Charlemagne, à la place de Louis XVI, n'eût point convoqué les Etats généraux ; il n'eût point méconnu son siècle ; seul, il eût accompli ce que tant d'hommes ont vainement essayé.

« L'amour des nouveautés, la fausse indépendance,
Ont hâté les moments de notre décadence.
Nous voulûmes, au bien substituant le mieux,
En savoir, en sagesse, éclipser nos aïeux. »

Le rêve de la *perfection* fut toujours le présage des plus grands fléaux ; aussi Fabricius disait : « Que Pyrrhus accueille les novateurs, quand il nous fera la guerre ! » Aussi le vieux

Caton voulut chasser de Rome, comme empoisonneurs, Carnéades, Diogène et Critolaüs.

Le docte Varron compte plusieurs sectes éprises du bonheur suprême, et toutes sont témoins des proscriptions de Marius et de Sylla. A la tête de nombreux raisonneurs, Julien proclame les mêmes folies, et voit s'écrouler le vieux colosse romain.

Gardons-nous de semblables erreurs, vieux oripeaux de tous les âges à leur déclin : ce serait immoler le présent aux ténèbres de l'avenir, vouloir une société nouvelle, un nouveau monde. Etudions les hommes et les choses : les notions du juste et de l'injuste sont immuables; le grand Etre, depuis la création, n'a pas mis dans nos cœurs une autre morale, une autre conscience; il a borné nos forces physiques; il n'a pas doué notre esprit d'une intelligence sans limites. Cherchons le vrai ; cherchons-le dans l'histoire, cette politique expérimentale, et rallumons dans notre âme l'antique honneur, ressort des grands empires ; l'honneur qui parmi nous ne s'éteint jamais tout entier, qui grandit les nations, enfante des prodiges, et fit la France si glorieuse.

Au premier signal de la patrie en danger, les fils des héros moissonnés à Bovines, oublieux d'eux-mêmes, vendent leur patrimoine, et vont mourir pauvres aux combats de Crécy, de Poitiers, d'Azincourt ; ils tombent sans peur et sans reproche, en s'écriant : *Vive la France !* Les jongleurs politiques de nos jours disent tout bas : « Vivent nous seuls ! pour nous seuls, la liberté ! pour tout ce qui n'est pas nous, l'esclavage ! »

Dormait-il, le bon Homère, lorsqu'il chan-
tait :

> . . . . Εἶς κοίρανος ἔστω,
> Εἶς Βασιλεὺς . . . .
>
> *Iliade*, ii, 204-5.

Qu'un seul homme commande à l'aveugle vulgaire.
Sans un roi le grand nombre au grand nombre est contrair
Le Dieu, fils de Saturne, a lui-même fait choix
Du chef qui nous gouverne et nous range à ses lois.

Et ce vertueux Satrape, dans Hérodote, avait-
il tort de s'écrier : *Puissent les ennemis des
Perses épouser la démocratie !*

Et de même l'étranger, tout récemment : *Puisse la France user de la république !*

Rappelons-nous cette maxime de César : *Humanum paucis vivit genus......* : maxime effrayante au premier coup d'œil, mais applicable à toutes les grandes nations anciennes et modernes, même aux Etats grecs, qui brillèrent seulement avec splendeur sous la monarchie de fait de Miltiade, Cimon, Thémistocle et Périclès.

La monarchie n'est point le despotisme : lui, sans cesse atteint d'une fièvre ardente, ne raisonne jamais ; le caprice est sa règle ; il n'a ni frein, ni loi ; il s'élance, il renverse, il écrase, et finit par tomber dans un chaos de ruines et de sang.

Le Christ a détrôné ce monstrueux pouvoir.

La monarchie, toujours calme, se recueille avant de marcher; son bonheur dépend du bonheur général : plus elle a de force, plus elle est soumise aux lois; seule, elle maintient l'ordre; seule, elle édifie; seule, elle peut donner à tous la vraie liberté.

Sœur du despotisme, et non moins odieuse, la démocratie jase sans cesse, s'agite, se tourmente, et ne peut agir faute d'unité : prompte à détruire, elle n'enfante que l'anarchie, méconnaît la vertu, remplace l'architecte par le démolisseur, ouvre la porte à tous les vices, à toutes les ambitions : alors dominent tour à tour de nouveaux tyrans, hydres aux mille têtes, possédés du démon de l'orgueil, acharnés les uns contre les autres, et se disputant les dépouilles de la patrie.

Rendez donc à la couronne ses attributs.

Dans son délire une coalition parjure a désarmé
le chef politique : qu'il reprenne son égide, ap-
pui de tous ; qu'il lui soit permis de penser et
de se mouvoir : cette œuvre est digne de vous:
Volenti fortiter nil impossibile.

Il n'est rien d'impossible à qui veut fortement.

Inutile de vous peindre la situation du pays :
une presse despote à triple cuirasse, vomissant
à son gré les plus noirs poisons ; un roi sans
royauté, une pairie sans pairs, une chambre
sans députés, un ministère d'un jour ; au lieu
de principes, des intérêts personnels ; au lieu
de dévouement, de viles passions.

Voyez l'école des hameaux : là, gonflé d'orgueil et d'ignorance, un maître apprend aux fils des laboureurs à dédaigner le culte et la profession de leurs pères.

Visitez l'atelier des villes, la chaumière des campagnes : partout vous trouverez le catéchisme de St-Just et de Babeuf ; partout la même voix s'y fait entendre ! Bientôt sonnera l'heure des grandes funérailles. »

Et à ce cri de mort bondissent de joie anarchistes de couleurs diverses. Que le monde en débris s'écroule, pourvu que je me venge : voilà le progrès, voilà l'Evangile du jour !

Absorbés par les doctrinaires, et comme eux éblouis des fausses lueurs du vieux libéralisme, les conservateurs n'ont rien su conserver : peu soucieux du lendemain, parce que leur maison est encore debout, leur tête encore sur leurs épaules, ils prolongent en paix leur sommeil, et, premières victimes, se reveilleront sur l'échafaud révolutionnaire.

Non, jamais symptômes plus alarmants ne s'annoncèrent; désormais rien n'étonne : chaque heure, chaque instant sonne un crime de plus ; déjà même un feu souterrain couve sous nos pas, sinistre avant-coureur d'une explosion prochaine, d'un incendie général.

La violation de la Charte, voilà la cause première du désordre qui nous afflige : *Inde mali labes.*

Et cet état de choses a fait au dehors le néant de notre diplomatie, le dédain des nations; au dedans, la stérilité de la Chambre élective, dût chacun des siens marcher égal à Montesquieu : car, pour gouverner, il faut être seul, jamais deux.

Ainsi donc tonnez, nouveau Démosthène; foudroyez ces ambitieux avides de portefeuilles, et ces esclaves courbés sous l'élection, oublieux des grands intérêts, et ces courtisans du peuple qui, toujours infaillibles, le trompent toujours et l'entraînent de chute en chute vers un abîme, au lieu d'avouer leurs erreurs, au lieu de s'arrêter, comme Mirabeau, dans une voie mauvaise : que les traits de votre éloquence les inondent de lumière! qu'ils voient la vertu! qu'ils sèchent de l'avoir abandonnée :

Virtutem videant, intabescantque relicta.

Perse.

C'est là votre mission ; vous n'êtes pas l'homme des coteries, l'homme des phases et des crises ministérielles : vous êtes l'homme de la France.

Sans doute, descendu dans l'arène , vous n'aurez pas la majorité : que vous importe ? votre esprit sait monter plus haut, par le présent il connaît l'avenir, il ne cherche pas sa pensée hors de lui-même et dans le nombre. Une minorité sage avec sa foi, son chef, attire insensiblement à elle ce qui est bon dans les autres minorités, et tôt ou tard devient majorité : c'est ce que les conservateurs n'ont pas su comprendre ; divisés entre eux, ils ont voulu la majorité à tout prix ; dès-lors sans direction, ils se sont suicidés : car ils sont morts, bien morts.

Casimir, président du Conseil, n'eut point d'abord la majorité ; il sut la conquérir. Seul, il affronte et calme les tempêtes de la Chambre : il ne va point au-devant de ses rivaux, il les force de venir à lui par son courage, ses vertus, son ascendant.

Seul, comme lui, plantez votre drapeau ; dites ce que vous voulez : la Charte, rien de plus, rien de moins ; que le roi règne et gouverne ; que la Chambre se renferme dans ses limites. Fort de vos principes, fort d'une volonté légale bien prononcée, vous n'aurez pas des géants à combattre, mais de vains pygmées, grandis sur des échasses, et bientôt sans influence.

Rem perpende, nihil prodest tibi quærere quis sim.

BIBLIOTHEQUE ROYALE
I